AF316255

ANÉVRYSME

DE L'ARTÈRE TEMPORALE

GUÉRI

PAR LA CAUTÉRISATION EN FLÈCHES

PAR

M. le Dr FONTAGNÈRES

Chirurgien des Hôpitaux de Toulouse

TOULOUSE

IMPRIMERIE Louis & Jean-Matthieu DOULADOURE

Rue Saint-Rome, 39

—

1873

ANÉVRYSME

DE L'ARTÈRE TEMPORALE

GUÉRI

PAR LA CAUTÉRISATION EN FLÈCHES

PAR

M. le Dr FONTAGNÈRES

Chirurgien des Hôpitaux de Toulouse

TOULOUSE

IMPRIMERIE Louis & Jean-Matthieu DOULADOURE

Rue Saint-Rome, 39

1873

Extrait de la Revue Médicale de Toulouse.

ANÉVRYSME DE L'ARTÈRE TEMPORALE,

GUÉRI

PAR LA CAUTÉRISATION EN FLÈCHES.

Considérations sur le Traitement des anévrysmes.

Je me propose d'exposer dans ce Mémoire sur le traitement des anévrysmes quelques considérations qui me paraissent offrir le plus haut intérêt. Parmi les nombreuses méthodes décrites dans les livres classiques et applicables à la cure des tumeurs artérielles, suivant leur volume et suivant leur siége, il en est une qui, à peu près complétement inconnue, n'a cependant fourni que des succès complets dans tous les cas où elle a été employée. C'est la méthode de la cautérisation. Le but d'une partie de ce travail, consistera donc à colliger les faits et observations d'anévrysmes guéris par les caustiques. Ces observations sont intéressantes en ce que elles nous démontrent d'abord qu'il y a des lois importantes dans la façon d'agir des substances cautérisantes, et qu'en utilisant ces lois dans la thérapeutique chirurgicale, on obtient très-souvent des résultats inespérés. En second lieu, les divers procédés de la méthode, les diverses variantes auxquels l'invention de quelques chirurgiens éminents a eu recours, nous feront voir comment on a pu guérir des tumeurs anévrysmales, en se comportant vis-à-vis d'elles d'une façon différente; en cautérisant tantôt l'artère et tantôt le sac, en se servant quelquefois de la cautérisation en flèches, d'autre fois de la cautérisation en plaque.

Enfin, ce qui donnera à ce travail un plus grand intérêt,

c'est que nous apportons nous-même un modeste appoint à
cette méthode pour ainsi dire inexplorée de la cautérisation
des anévrysmes. Nous avons eu, en effet, cette année, l'occasion d'opérer et de guérir radicalement une tumeur anévrysmale de l'artère temporale dans des conditions qui diffèrent
un peu de celles dans lesquelles s'étaient placés nos prédé-
cesseurs. Nous ne saurions donc mieux commencer ce travail
qu'en décrivant tout au long l'observation qui nous est relative, sauf à en discuter dans la suite les points principaux, et
en la rapprochant de celles que nous connaissions déjà, de
former un ensemble dont la doctrine scientifique puisse
se déduire facilement ; servant ainsi d'enseignement aux praticiens dans l'esprit desquels nous aurions été assez heureux
pour porter la conviction que nous possédons nous-même.

OBSERVATION. — *Anévrysme de l'artère temporale, traité et
guéri par la cautérisation en flèches : conservation de la
majeure partie de la peau.*

Le 21 février 1872, me fut adressée une jeune femme âgée
de 28 ans, demeurant à Toulouse. Elle venait me consulter
pour une tumeur qu'elle portait à la tempe droite. Située
dans la fosse temporale droite, au-dessus du condyle de la
mâchoire, elle s'étend transversalement de la partie antérieure
du pavillon de l'oreille jusqu'à un centimètre et demi environ
de l'angle externe de l'œil ; elle mesure à peu près la même
étendue dans le sens vertical. Sa forme est très-régulièrement
arrondie et globuleuse. On dirait une demi-sphère un peu
aplatie. La peau fortement distendue au-dessus d'elle est parfaitement saine et a conservé sa coloration normale. Les
diamètres de cette tumeur dans tous les sens sont de 5 à
6 centimètres environ. Elle est un peu molle, légèrement réductible ; mais un fait qui frappe tout d'abord l'attention,
c'est l'existence de battements isochrones au pouls. Les doigts
appliqués sur les diverses parties de la tumeur les perçoivent
partout également. Il suffit de poser sur elle la pulpe de
l'index pour voir le doigt repoussé de la façon la plus mani-

feste. A l'aide du stéthoscope on y perçoit un bruit de souffle assez doux, plus accentué à la partie inférieure et postérieure.

L'apparition de cette tumeur remonte à une année et demie environ. Pendant un an, elle passa presque inaperçue, de la grosseur d'une noisette, complétement indolente, réductible à un faible degré, sans battements trop sensibles. Mais il y a six mois, elle s'accrût si rapidement, que Mlle A. G. consulta successivement à des époques différentes, trois de nos confrères distingués de la ville. Deux de ces honorables praticiens portèrent pour diagnostic : tumeur sanguine, et prescrivirent la compression, qui fut tentée à deux reprises d'une façon assez imparfaite d'ailleurs et avec assez de négligence.

La malade n'en était pas incommodée notablement, soit à cause des battements, soit à cause du bruit de souffle. Son développement seul l'avait portée à consulter.

Enfin, elle était légèrement mobile dans une limite de 2 ou 3 millimètres. Elle glissait sur l'aponévrose temporale et sous la peau quand on cherchait à la déplacer avec les deux mains.

De quelle nature était cette tumeur. Ce n'était aucune variété des tumeurs érectiles. Les tumeurs érectiles veineuses ne présentent pas de battements ; la peau était partout très-normale ; pas de tache lie de vin, congéniale, ou autre de même nature. Les tumeurs érectiles artérielles ne présentent jamais un ensemble de caractères aussi tranchés que ceux que nous venons de décrire.

Contre l'idée d'une tumeur encéphaloïde avec battements artériels, je ferai remarquer que les battements dans les tumeurs fongueuses se rencontrent presque exclusivement dans les os ; que la malade, d'ailleurs, n'était âgée que de 28 ans ; qu'aucun engorgement ganglionnaire n'existait au voisinage ; que la santé était parfaite, qu'aucune douleur en coups d'épingle n'avait jamais existé. On pourrait se demander si la tumeur n'était pas un lipôme soulevé par un réseau artériel passant au-dessous de lui ; mais une simple remarque fait rejeter cette hypothèse. Ce n'était pas un mouvement de soulèvement en masse ; c'était bien une véritable expansion qu'on y percevait, et sur laquelle, dès le début, j'avais attiré l'attention des deux internes de l'Hôtel-Dieu, qui ont avec moi suivi la malade jusqu'à sa guérison.

Le diagnostic n'était pas douteux pour moi. C'était un anévrysme spontané de l'artère temporale : nous en retrouvions, en effet, la symptomatologie complète : battements expansifs, indolence, légère réductibilité, situation sur le trajet d'une artère qui est fréquemment le siége de dilatations anévrysmales, tumeur parfaitement régulière, bruit de souffle, autant de signes qui, dès le premier examen, me firent croire à l'existence d'un anévrysme spontané, sacciforme, à cause de sa forme si régulière et de sa situation sur le côté de l'artère temporale. Il est vrai que l'anévrysme spontané de la temporale comme de toutes les petites artères, est comparativement assez rare ; mais les exemples ne manquent pas ; et entr'autres sur quatre cas d'anévrysmes opérés par M. Girouard, il s'en trouve justement un de l'artère temporale, comme dans le cas actuel, et un second de l'artère radiale, tous les deux survenus spontanément. J'ai eu également l'occasion de voir moi-même un anévrysme spontané de la tibiale antérieure.

Comme dernière question de diagnostic que j'ai eu à me poser, je me suis demandé si je ne pouvais pas avoir sous les yeux un anévrysme crisoïde, au lieu d'un anévrysme proprement ment dit : or je ne trouvais dans la tumeur aucun des caractères de la varice artérielle : ni les flexuosités des artères, ni cette irrégularité relative, ni ces troncs volumineux qui la constituent. Ici, au contraire, la forme était parfaitement arrondie en demi-sphère ; les limites étaient assez nettes du côté de la base.

Au résumé, cette tumeur était un anévrysme, et des considérations qui précèdent, comme de celles qui vont suivre, il résulte clairement qu'il était spontané et sacciforme.

J'ai dit que Mlle A... G... avait déjà fait la compression sur la tumeur, suivant le conseil de deux praticiens qui avaient certainement reconnu la nature de la tumeur ; mais comme cette compression avait été mal faite , je la repris en me proposant de la diriger moi-même. Le 26 février au matin, j'appliquai donc sur la tumeur un système de compresses graduées que je fixai par plusieurs tours de bande. Cet appareil nous suffisait ici, puisque nous avions un point d'appui solide sur l'os temporal. Le soir du même jour, la compression était devenue intolérable pour la malade , qui me supplia de l'en débarrasser, à cause des douleurs de tête ; je relâchai les tours de la bande, mais je continuai la compression à un plus faible degré. Le 27 février, je dus cesser la compression ou du moins je fus obligé de modifier la manœuvre. En conséquence je défis l'appareil. Après 24 heures de compression directe , et comme la tumeur n'offrait aucun changement appréciable, je repris le même moyen en le faisant porter cette fois sur l'artère au-dessus et au-dessous de la tumeur , par des compresses graduées transversales. Cette compression indirecte fatiguait encore la malade; je la fis cesser complétement le 27 au soir pour la reprendre le 28 d'une façon intermittente, et la continuer pendant les deux jours suivants. En mon absence , une personne enlevait et réappliquait alternativement le bandage toutes les deux heures ; mais cette compression intermittente et indirecte fut aussi infructueuse que la première. Ne voulant pas continuer plus longtemps un moyen qui me donnait si peu d'espoir, je pris un autre parti et me décidai à injecter dans la tumeur quelques gouttes de perchlorure de fer.

Après un repos de quatre jours , le 5 mars , accompagné de M. Tujague, interne à l'Hôtel-Dieu, je procédai à cette petite opération. Elle fut faite suivant les règles que j'ai indiquées, dans un autre travail, pour l'injection du perchlorure de fer dans les varices. Nous projetâmes dans la tumeur six gouttes de ce liquide très-exactement, et nous attendîmes. La malade ressentit dans la tempe une légère cuisson. Au bout de dix minutes, la tumeur avait un peu durci, les battements n'étaient pas aussi forts ; je prescrivis une demi-diète et le repos absolu.

A cinq heures du soir , la peau était légèrement injectée

sur la tumeur. La malade se plaignait de ressentir à la tempe des battements plus forts qu'à l'ordinaire ; mais l'exploration directe nous démontra, au contraire, qu'ils avaient diminué, et qu'ils ne présentaient une certaine force qu'à la partie inférieure. Ce léger mouvement phlegmasique nous fit espérer une heureuse solution ; je fus très-désappointé les jours suivants, quand, au lieu d'une inflammation plus accentuée, je vis peu à peu la totalité du sac redevenir perméable et la rougeur de la peau disparaître.

Le 11 mars, je repris la compression pendant 24 heures pour aider l'action du perchlorure de fer, s'il était possible, quoique je n'eusse aucun espoir, et, en effet, je n'obtins rien.

A ce moment, la malade fut très-decouragée. Elle me répéta qu'elle était toute disposée à se soumettre à une opération plus grave, s'il y en avait quelqu'une dont elle pût espérer la guérison, et c'est alors que je conçus l'idée d'attaquer radicalement cette tumeur par la cautérisation en flèches. J'avais lu dans la savante monographie de Richet, que sur cinq cas d'anévrysmes traités par la cautérisation, il y avait eu cinq cas de succès. Je connaissais le fait d'une tumeur érectile guérie par la même méthode. J'avais moi-même une certaine expérience du moyen que je me proposais d'employer. Je me décidai donc, après une mûre réflexion sur les accidents qui pouvaient se présenter ; je cherchai longtemps le moyen de conserver la peau, afin d'éviter, s'il était possible, une large cicatrice à ma jeune malade.

Le 19 mars, assisté de deux internes, MM. Tujague et Bories, voici comment je procédai à l'opération : la malade étant couchée sur le côté gauche, je disposai d'abord près de moi plusieurs chefs de gros fil ciré et trois pinces à ligature, armées de fortes épingles pour pratiquer une suture entortillée, en prévision d'une hémorrhagie. Je confiai aussi à un de mes aides six ou sept bouts de flèches cassées de 3 centimètres de longueur environ, faites avec la pâte de Canquoin.

Dans un premier temps, je pratiquai sur toute l'étendue de la tumeur une incision verticale de la peau le plus doucement que je pus pour ne pas entamer le sac. La peau distendue sur la tumeur et incisée se rétracta aussitôt latéralement, laissaut ainsi à nu, sous nos yeux, le sac anévrysmal, dans lequel les battements parurent immédiatement avec une plus grande force. Les deux lèvres de l'incision formaient ainsi une ellipse dans le champ de laquelle nous pouvions attaquer le sac sans intéresser la peau elle-même. Je mis en effet cette disposition à profit.

Dans un 2e temps, j'enfonçai la pointe d'un bistouri dans le milieu du sac. Un large jet de sang artériel m'avertit aussitôt que j'y avais pénétré, après avoir perforé néanmoins une paroi très-épaisse. Retirant alors mon bistouri, j'appliquai avec force le bout de mon petit doigt sur l'ouverture que je venais de pratiquer, et il me fut facile de sentir l'épaisseur des parois et une petite cavité dans laquelle j'atteignais à peine. Un aide faisait pendant ce temps-là une compression énergique au-dessus et au-dessous de la tumeur sur la temporale, ce qui n'empêcha pas, dans l'espace de quelques secondes, une effusion d'un demi-verre de sang environ. Pendant que je bouchais l'ouverture du petit doigt de ma main gauche, je pris de la droite un bistouri à lame étroite, et le replongeant dans l'ouverture linéaire déjà pratiquée, je fis une piqûre oblique vers les parois latérales du sac assez loin de la peau. J'enfonçai rapidement et dans la même direction, avec force, une première pointe de flèche. Sa base engagée entre les lèvres de la plaie, sans mettre fin à l'hémorrhagie d'une manière complète, l'arrêta sensiblement, et je pus alors procéder avec plus de soin. Entre cette première flèche et la paroi du sac, je fis dans une direction différente une deuxième piqûre qui reçut une deuxième flèche. J'enfonçai ainsi dans les parois, à travers le sac, cinq petits morceaux de pâte de zinc, de telle sorte que l'opération une fois finie, tous convergeaient par leurs bases vers l'ouverture du sac, sur laquelle elles formèrent un bouchon des plus solides, les pointes rayonnant vers la circonférence. Sachant avec quelle rapidité se fait la coagulation du sang sous l'influence du chlorure de zinc, je jugeai inutile de pratiquer aucun point de suture ; un pansement sec fut appliqué sur la tumeur. Il n'y eut à ce moment ni les jours suivants pas la moindre hémorrhagie jusqu'à la chute de l'escarre, qui se produisit le 27 mars au matin sans traction. Les phénomènes inflammatoires qui suivirent l'opération ne furent pas très-intenses ; il y eut de la douleur et de la céphalalgie pendant les trois premiers jours. Je tins la malade à une diète modérée, et le 24, je lui administrai une purgation.

Quand les tissus mortifiés se détachèrent, je trouvai au-dessous une plaie vermeille, mais très irrégulière. Il m'avait été, en effet, impossible, dans l'opération, de bien mesurer la profondeur à laquelle j'engageais chaque pointe de flèche. J'attaquai alors, de nouveau, à la partie postérieure de la tumeur, et par-dessous la peau, une portion bourgeonnante du sac qui confinait à l'artère temporale, et j'y enfonçai deux petits morceaux de caustique. Pendant que cette nouvelle cautérisation partielle était en train de s'accomplir, un bourgeonnement énorme se manifesta sur toute l'étendue de la plaie, de telle sorte qu'à la chute de la deuxième escarre le 4 avril, je me trouvai en face de quelques nouveaux tissus à détruire.

A ce moment, autant pour donner du courage à la malade que pour prendre conseil moi-même sur le meilleur moyen à employer pour réprimer ces végétations, j'appelai en consultation un de nos honorables confrères, et nous fûmes d'avis de recourir à une troisième cautérisation, cette fois en plaque. En conséquence, le soir même, j'appliquai sur la tumeur un morceau de pâte exactement taillé suivant l'étendue de la plaie. Je le maintins par un bandage approprié, et je l'enlevai au bout de douze heures. J'avais été assez heureux jusqu'alors pour conserver à la peau sa complète intégrité ; mais par le fait de cette troisième cautérisation, le caustique se trouvant trop près des bords de la plaie, 2 millimètres de peau en cercle ne purent échapper à la mortification. Néanmoins, c'était peu, eu égard à la quantité de tissus que nous avions fait tomber par l'ouverture primitive.

Les choses marchèrent régulièrement, et le bourgeonnement de la plaie fut définitivement arrêté. De plus, nous lui avions donné une régularité presque parfaite. Jusqu'ici, pas d'hémorrhagie. Mais le 9 avril, la troisième escarre commençant à se séparer, je crus pouvoir l'enlever complètement en détachant avec le plat d'un ciseau un pédicule adhérent de l'escarre. Une hémorrhagie considérable, en jet, m'arrêta tout à coup ; je m'en rendis maître après quelques instants, à l'aide d'un tamponnement énergique avec des boulettes de charpie imbibées de perchlorure de fer, et je restai longtemps auprès de la malade ; le sang ne reparut plus. Une couche noirâtre de peu d'épaisseur se forma sur la plaie, qui continua à se rétrécir.

Le 12 avril, j'avais moi-même pansé la malade vers les onze heures du matin, et j'avais touché un dernier tubercule de la plaie avec le caustique Filhos, quand deux heures après on vint me chercher en toute hâte : une nouvelle et abondante hémorrhagie était survenue spontanément. J'avais heureusement donné mes instructions en prévision d'un accident de ce genre auquel je m'attendais toujours, ce jour-là surtout, à cause des propriétés fluidifiantes du caustique Filhos. M. Magnes fils pharmacien, qui habite la maison, fut immédiatement prévenu, et nous prêta dans cette circonstance critique le concours de son intelligence. Un tamponnement immédiat au perchlorure de fer, pratiqué par lui, eut raison de ce nouvel accident, et quand j'arrivai, le sang était arrêté. La malade n'avait pas perdu connaissance. Cette hémorrhagie avait été néanmoins fort grave. Elle fut la cause d'une anémie qui persista longtemps.

A partir du 12 avril, la cicatrisation n'éprouva plus aucune entrave ; elle devint chaque jour plus manifeste ; les pansements furent faits avec du vin aromatique, et le 2 mai suivant, la guérison était complète, après six semaines de traitement, pendant lesquelles nous avions fait deux cautérisations profondes, une cautérisation en plaque et une légère cautérisation avec le caustique Filhos, qui faillit nous coûter cher.

La malade ne présente aujourd'hui aucune déformation du

côté de la tempe droite. Cette dernière est uniformément aplatie comme l'autre. Nous n'avons pas pu éviter une petite cicatrice de quelques millimètres de large sur deux centimètres de hauteur, parce que la peau avait été touchée lorsque nous avions fait la cautérisation en plaque. Nous avons pourtant réussi à en conserver la majeure partie, et ce résultat est des plus heureux, quand on prend en considération la situation de la tumeur.

Un accident dont l'inconvénient sera momentané, je l'espère, s'est produit pendant la guérison : la cicatrice a contracté quelques adhérences avec les fibres musculaires du temporal, par suite de la destruction de quelque petite portion de l'aponévrose qui recouvre le crotaphyte. De là une dépression de la cicatrice et un sentiment de gêne toutes les fois que la mâchoire s'abaisse fortement.

Il me paraît certain que l'artère temporale a été oblitérée au niveau de la tumeur par le caustique ; on la sent battre encore faiblement au-dessus de la tumeur. Peu importe, d'ailleurs, que l'artère soit restée perméable ou non ; car les artères de la face et du cuir chevelu s'anastomosent si largement entre elles et avec celles du côté opposé, que l'oblitération de l'une d'elles ne met aucune entrave à la puissance de la circulation céphalique ou faciale.

A côté de cette observation, qui m'est personnelle, et que j'ai tenu à citer avec de longs détails, à cause de son importance, il me paraît utile de placer sous les yeux du lecteur les faits, d'ailleurs aussi célèbres que peu nombreux, relatifs à la cautérisation des anévrysmes. On aura ainsi une vue d'ensemble qui fera mieux juger de l'efficacité de la méthode, et nous pourrons nous livrer avec plus de fruit à des remarques critiques sur les moyens qu'on a pu ou qu'on pourrait employer en pareille occurrence, comme sur les accidents qu'on aurait à combattre.

*Coup-d'œil analytique sur les faits relatifs à la cautérisation
des anévrysmes.*

Je commence cette revue bibliographique par le fait qui a
eu le plus grand retentissement. Je n'en signalerai que les
points les plus saillants. Le 20 juin 1853, Lallemand présentait à l'Institut au nom de Bonnet, son illustre confrère
de Lyon, de vastes escarres détachées d'un énorme anévrysme de l'artère sous-clavière que le chirurgien lyonnais
avait radicalement guéri par la pâte de Canquoin. Cette belle
et longue observation, qu'on ne saurait trop méditer, se
trouve dans presque toutes les publications périodiques de
l'année 1853.

Il s'agissait d'un jeune homme de vingt-cinq ans qui avait
reçu, dans une rixe, un coup de couteau dans le triangle sus-
claviculaire gauche, blessure qui avait intéressé à la fois
l'artère sous-clavière et le plexus brachial. La paralysie
complète du bras coïncidait avec le développement d'une
tumeur anévrysmale. Le malade était entré à l'Hôtel-Dieu de
Lyon le 1er janvier 1853, un mois après l'accident. Dans cet
intervalle s'étaient produites, par la plaie, plusieurs hémorrhagies qui avaient amené un degré d'anémie extrême. La
tumeur avait le volume des deux poings et augmentait chaque jour. Le malade était voué à une mort certaine si l'art ne
trouvait moyen d'intervenir. Bonnet voulut, avant de tenter
aucune manœuvre, s'éclairer de l'avis de ses honorables confrères, et il réunit, à cet effet, MM. Pétrequin, Barrier,
Desgranges et Valette. Ils furent tous unanimes pour déclarer
que la compression qui ne pouvait se faire que sur la tumeur,
serait impuissante. Les injections avec le perchlorure de fer
dont la science est redevable à Pravaz, n'étaient pas encore
connues, et il est permis de douter qu'elles eussent fourni,
dans cette circonstance, un résultat avantageux à cause du
volume de l'anévrysme. La galvano puncture ne pouvait être
mise en usage, parce qu'il, était impossible d'arrêter momen-

tanément le cours du sang dans la tumeur en comprimant l'artère sous-clavière au-dessus d'elle. Il ne parut pouvoir être tenté, aux yeux des chirurgiens consultants, que la ligature de l'artère sous-clavière en dedans des scalènes ; mais cette ligature très-dangereuse et très-difficile du côté droit, l'est encore plus du côté gauche à cause de la profondeur de l'artère et de ses rapports intimes avec le sommet du poumon et de la plèvre. Le remède parut à Bonnet pire que le mal. La ligature au-dessous de la tumeur, par la méthode de Brasdor, était inutile, car on ne sentait aucun battement dans les artère sdu bras. Ces motifs décidèrent le chirurgien à rejeter la ligature. Que restait-il donc à faire ? Rien, si l'on s'en fut tenu au méthodes conseillées.

Pour tenter la cure de cet anévrysme, Bonnet, instruit par plusieurs observations antérieures de la puissance avec laquelle la pâte au chlorure de zinc coagule le sang et prévient toute hémorrhagie, résolut de se servir de ce caustique. Il espérait qu'en appliquant chaque jour sur la tumeur une couche de pâte de Canquoin, il arrêterait d'abord les hémorrhagies qui s'étaient si souvent produites sur le malade ; ensuite, qu'il favoriserait la formation d'un caillot solide dont il enlèverait successivement les couches superficielles, gagnant ainsi la profondeur du sac, et amenant enfin la cautérisation et l'oblitération des bouts de l'artère.

Bonnet était d'autant plus porté à utiliser cette méthode, qu'il n'avait pas à craindre d'intéresser le plexus brachial, puisque ce dernier était déjà complétement sectionné, comme nous l'avons dit plus haut.

Le 6 janvier Bonnet appliqua sur la plaie un morceau de pâte de Canquoin de deux centimètres de diamètre. Le caustique produisit une escarre sèche qui arrêta toute hémorrhagie. Trois jours après cette première cautérisation, et les jours suivants, c'est-à-dire le 9 et jusqu'au 20 janvier, Bonnet se contenta d'enlever chaque matin la partie de peau qui avait été mortifiée par le caustique et de placer sur l'escarre produite une nouvelle couche de pâte au chlorure de zinc. Quatorze jours après le début de ce traitement, Bonnet constata, en présence de Lallemand et de Pravaz, que les battements et le bruit de souffle avaient totalement disparu. Un cercle inflamatoire assez intense autour de l'escarre semblait avoir augmenté le volume de la tumeur. Le vingtième jour après l'opération survint une hémorrhagie artérielle ; on put l'arrêter rapidement en faisant l'application d'une couche de pâte au chlorure de zinc et en pratiquant la compression. De nouvelles hémorrhagies se produisirent pendant les cinq jours suivants ; on put toujours s'en rendre maître par le même moyen : mais elles épuisèrent complétement le malade dont la vie fut mise en danger. Une surveillance continuelle fut alors exercée sur le malade qui ne perdit plus de sang. L'escarre superficielle présentait 12 centimètres de long sur 10 de large, trente-trois jours après l'opération.

Ce fut alors que Bonnet commença à pousser l'escarre en profondeur ; il enleva chaque jour les parties superficielles des tissus mortifiés, et après sept jours de cette manœuvre il avait donné justement à l'escarre sept centimètres d'épaisseur. Il s'arrêta à cette limite et le 1er mars, deux mois après le commencement du traitement, il laissa se détacher toute seule cette vaste escarre, au-dessous de laquelle existait une plaie très-étendue recouverte de bourgeons charnus d'une excellent aspect. Le malade fut soumis à un régime tonique pour lui permettre de résister à cette suppuration abondante. La cicatrisation se faisait chaque jour et la guérison fut complète le 20 avril, trois mois et demi après le début du traitement.

Deux années après, en 1855, un chirurgien très-distingué de Chartres, M. Girouard, à qui revient le premier l'honneur d'avoir conçu la cautérisation interstitielle ou profonde, publia quatre observations nouvelles d'anévrysmes, guéris par la cautérisation et par des procédés différents. Une analyse succincte de ces divers cas fera comprendre comment ces procédés ont pu varier.

2ᵉ *Observation*. Le 20 juin 1841, un ouvrier briquetier se présente à M. Girouard avec un anévrysme du pli du coude gros comme un œuf de poule, qui était la suite d'une saignée malheureuse. Le chirurgien proposa la ligature qui fut repoussée obstinément par le malade. Ce dernier accepta les caustiques, et M. Girouard se décida à les employer en considérant qu'il pouvait facilement se rendre maître du sang en cas d'hémorrhagie.

Après avoir mis un garrot au bras, Girouard appliqua sur toute la surface extérieure de la tumeur une couche de pâte de Vienne qu'il enleva au bout de vingt minutes pour la remplacer par un morceau de pâte au chlorure de zinc moins étendue que l'escarre formée par la pâte de Vienne.

La pâte de zinc ayant cautérisé en six ou huit heures toute l'épaisseur des parois de la tumeur, l'escarre fut incisée circulairement et les caillots contenus dans le sac furent mis à nu. Ils étaient adhérents. On les larda de nouveau de morceaux de pâte de zinc de un pouce de longueur. Quelques gouttes de sang s'étant écoulées, Girouard serra le garrot. Dix minutes de compression suffirent, et douze heures après il vida complétement le sac. Pendant cette manœuvre un jet de sang s'échappa du fond de la plaie; le garrot l'arrêta; et sur le point où le sang avait jailli, le chirurgien appliqua un nouveau morceau de pâte de zinc. Une demi-heure après le garrot fut lâché. Les douleurs furent très-supportables. Il ne survint qu'un léger gonflement. Vers le huitième jour, l'escarre se détacha toute seule, laissant à nu une plaie vermeille où l'on put remarquer le bout oblitéré de l'artère. Cette plaie se rétrécit de jour en jour; et vingt jours après la chute de l'escarre, elle était complétement cicatrisée. Les mouvements de l'avant bras sur le bras avaient conservé toute leur liberté.

3ᵉ *Observation*. Le 12 mars 1843, une femme de Chartres s'étant enfoncé un couteau dans le creux de la main, cousulta Girouard. Une hémorrhagie artérielle abondante avait lieu toutes les fois qu'on écartait les lèvres de la plaie. L'artère brachiale fut comprimée avec un garrot; on réunit les bords de la plaie, et huit jours après, la malade reprenait ses occupations. Deux mois s'étaient à peine écoulés, qu'une tumeur anévrysmale s'était développée sur l'éminence thénar, à la suite de la lésion de l'arcade palmaire profonde. Le cas était des plus embarrassants. Il fallait empêcher le sang d'arriver à la tumeur. Comment s'y prendre? Porter des ligatures sur l'arcade palmaire profonde, n'était pas chose facile. Lier l'artère radiale était inutile; le sang aurait continué d'arriver à la tumeur par la cubitale. Agir sur les deux artères n'était pas sans inconvénient. Un garrot étant placé sur l'artère humérale, Girouard enfonça la lame d'un bistouri dans la cicatrice de la main et pénétra profondément. Un jet de sang artériel s'échappa. Le garrot fut serré, le sang arrêté, et dans l'ouverture pratiquée par le bistouri le chirurgien enfonça un morceau de pâte au chlorure de zinc. Au bout d'une demi-heure, la pâte s'étant gonflée assez pour boucher hermétiquement la plaie, on enleva le garrot. L'hémorrhagie ne reparut pas. Point d'accident, du reste à l'exception de quelques douleurs et d'un gonflement passager. Le huitième jour l'escarre tomba. Trois semaines après la guérison était complète. Pendant deux mois il y eut de la gêne dans les mouvements du pouce et de l'index. Au bout de ce temps la malade put reprendre ses travaux habituels.

4ª Observation. En mai 1847, Girouard avertit le professeur Malgaigne qu'il avait à traiter un anévrysme spontané de la radiale, près du poignet, chez une femme, et qu'il emploierait les caustiques. Cette tumeur était grosse comme un petit œuf de poule. La malade ne voulant pas entendre parler d'instruments tranchants, Girouard appliqua au-dessus et au-dessous de la tumeur, en travers, sur l'artère radiale une petite couche de pâte de Vienne. Au bout de vingt minutes, ablation de la pâte, et sur l'escarre formée, applica-

lion d'un morceau de pâte au chlorure de zinc. Douze heures
après, la tumeur battait encore. Nouvelle cautérisation à la
pâte de Canquoin, après avoir raclé les escarres avec des
ciseaux. Dix heures après, la tumeur ne battait plus. Au neuvième jour, les tissus mortifiés tombèrent. Douze jours après
la chute des escarres, les deux plaies étaient guéries, et la
tumeur, sans pulsations, indolente, était réduite de moitié.
La malade trouvant qu'elle la gênait pour travailler voulut
en être débarrassée. Sa base fut cernée avec de la pâte de
Vienne et on pénétra dans le sac anévrysmal. La surface en
fut cautérisée huit ou dix fois au nitrate d'argent ; un mois
après la guérison était complète.

5e *Observation.* M. Girouard a eu aussi à traiter une tumeur
anévrysmale de l'artère temporale gauche. Elle n'était pas
plus grosse qu'une aveline. Il a suffi de plonger le bistouri
dans le centre et d'y loger un morceau de pâte au chlorure
de zinc, pour la détruire, en peu de temps, sans accident.

Les cinq observations dont je viens de tracer l'analyse
sont toutes relatives à des anévrysmes proprement dits, pour-
vus d'un sac. Ce sont les seuls qui, au dire même de Richet,
soient consignés dans les auteurs. Je ne saurais dire, si,
pour les anévrysmes cirsoïdes ou varices artérielles on a plusieurs fois employé la méthode de la cautérisation. Il est au
moins un fait que nous pouvons consigner, et qui nous mon-
tre quel parti on peut tirer de la pâte de Canquoin pour la
cure de ces tumeurs.

6e *Observation.* — En mars 1853, Mlle X..., de Genève,
fut conduite à Lyon pour y être traité d'un anévrysme cirsoïde qu'elle portait au sommet de la tête et qui prenait chaque
jour un développement plus considérable. La tumeur mesu-
rait deux centimètres d'épaisseur et quinze centimètres de
diamètre. Elle était nourrie par sept grosses artères d'un
volume à peu près égal à celui de l'humérale, et dont trois

occupaient les parties antérieure et latérale du front, deux la région temporale, et deux autres l'occiput.

Les chirurgiens de Genève avaient espéré pouvoir amener la disparition ou du moins une grande diminution de la tumeur au moyen d'une compression permanente sur les sept principales artères qui la nourrissaient. Dans ce but, ils avaient fait construire un appareil en forme de calotte, muni de sept pelotes que des vis de pression maintenaient solidement fixées sur les artères.

Ce traitement continué pendant plus d'une année entière, avait été tellement insuffisant que les chirurgiens ne voyaient plus d'autre ressource que la ligature des deux artères carotides primitives. Ce fut alors que cette malade fut adressée au Dr Gensoul. A la suite d'une consultation, il fut convenu que la cautérisation avec la pâte au chlorure de zinc proposée par Bonnet, était la seule méthode de traitement qui fut capable de triompher du mal.

Comme la tumeur occupait sur le sommet de la tête une surface considérable, on songea d'abord à détruire les principales artères qui alimentaient la tumeur, pour éviter la dénudation étendue des os du crâne.

En conséquence, Gensoul et Bonnet appliquèrent la pâte au chlorure de zinc sur chacune des sept artères, et malgré la destruction de ces vaisseaux qui eut lieu sans le moindre écoulement sanguin, la tumeur continua à présenter les mêmes battements et le même volume.

Cette cautérisation étant insuffisante, on résolut d'attaquer directement la tumeur. En conséquence, après avoir détruit la peau avec la pâte de Vienne, on recouvrit toute cette surface avec de la pâte au chlorure de zinc. Chaque jour on enleva, une portion de l'escarre formée, pour la remplacer par une nouvelle couche de pâte, et l'on continua jusqu'à ce qu'on eut détruit tout le lacis des vaisseaux; quand l'escarre se détacha, elle laissa presque à nu les os du crâne. Ces cautérisations qui furent longues et douloureuses produisirent le résultat désiré. La cicatrisation de cette vaste plaie fit chaque jour des progrès. Elle était complète trois mois et demi après le commencement du traitement ; Gensoul et Bonnet reçurent longtemps des nouvelles de leur opérée. Elle était radicalement guérie et se portait parfaitement.

Différences des procédés opératoires.

De l'exposition des faits qui précède, il résulte que le nombre des procédés opératoires employés pour attaquer les tumeurs anévrysmales peut être réduit au nombre de trois. Le procédé dont je me suis servi moi-même et que j'ai longuement décrit diffère un peu du procédé de Girouard en ce qu'il m'a permis de conserver la peau. C'est donc un quatrième moyen.

Dans les première et sixième observations de Bonnet et Gensoul, la première relative à un énorme anévrysme de l'artère sous-clavière, la sixième à un anévrysme cirsoïde, on s'est servi du caustique en plaque. Partant de cette loi très-bien connue de Girouard, dès l'année 1841, à savoir que l'escarre produite par la pâte au chlorure de zinc, ne tombe que le huitième ou le neuvième jour, Bonnet en fit une merveilleuse application en ne permettant jamais à l'escarre de tomber qu'au moment jugé par lui opportun. Si, après la première couche de pâte de zinc il eut passé huit jours sans cautérisation nouvelle, il est probable qu'à sa chute une hémorragie considérable eut emporté le malade. L'organisation des caillots n'eut pas été assez puissante, une fois la partie superficielle de la tumeur enlevée, pour empêcher la projection d'une énorme ondée sanguine. Au lieu de cela, Bonnet continue la cautérisation en superficie pendant quatorze jours consécutifs. Chaque portion d'escarre ancienne réunie à la nouvelle est donc obligée de demeurer en place, laissant au chirurgien huit jours de sécurité. De même pour les dimensions en profondeur, nous avons vu Bonnet produire une escarre de sept centimètres d'épaisseur, et ne s'arrêter que lorsque toute la cavité du sac et le bout artériel avaient été cautérisés. Toute la manœuvre consiste donc à produire de nouvelles cautérisations dans les huit jours qui suivent la précédente. Telle est la loi capitale sur laquelle on doit se baser dans la cautérisation en plaque comme dans les autres. Il est même beaucoup plus sûr de poursuivre l'escarre dans les trois premiers jours qui suivent la dernière escarre produite.

Le deuxième procédé qui nous est enseigné par Girouard consiste à enfoncer dans la tumeur même des clous ou flèches caustiques, comme on l'a vu pratiquer dans les deuxième, troisième et cinquième observations. (Anévrysmes du pli du coude, de la paume de la main et de l'artère temporale.) Il faut tenir compte ici de trois autres notions importantes : en premier lieu, la puissance hémostatique du chlorure de zinc; en second lieu, la facilité d'arrêter le sang par la compression au-dessus de la tumeur : troisièmement, enfin, le gonflement de la pâte qui, au bout d'un certain temps, forme un bouchon solide dans l'ouverture où elle a été enfoncée. Si donc Bonnet a utilisé pour la guérison de son anévrysme la loi inhérente à la chute des escarres produites par le chlorure de zinc, Girouard, dans la cautérisation profonde d'emblée, a mis à profit d'autres avantages. Nous le voyons d'abord appliquant son garrot sur les anévrysmes des membres pour empêcher toute hémorrhagie primitive, ce que Bonnet ne pouvait pas faire pour l'anévrysme de la sous-clavière, première bonne condition qu'il ne faudrait jamais négliger pour les anévrysmes des membres. La puissance de coagulation vient aussitôt en aide, car après une demi-heure de compression, elle est si solide que l'appareil peut être impunément enlevé, l'ondée sanguine ne parviendra pas à rompre ou à déplacer l'obstacle. Si à la chute des escarres on craignait de ne pas avoir atteint le bout de l'artère ou la totalité du sac, on pourrait, il faudrait même, replacer le garrot prêt à comprimer si une hémorrhagie secondaire se produisait.

Ainsi, par le caillot résistant produit, comme par la compression qu'il est aisé de faire quand on le désire, on se met à l'abri d'une manière absolue des hémorrhagies primitives ou consécutives. Enfin, il est utile de savoir que la pâte au chlorure de zinc se gonfle par l'imbibition. Tous, parmi nous, avons observé plusieurs fois ce phénomène du caustique, et nous voyons Girouard s'en féliciter pour l'anévrysme de la temporale. Il nous dit, qu'au bout d'une demi-heure la base du morceau de pâte qu'il avait laissée dans l'ouverture s'était gonflée et bouchait cette ouverture encore plus hermétiquement.

En résumé le deuxième procédé qui appartient à Girouard consiste à cautériser d'emblée la profondeur du sac, au lieu d'attaquer d'abord la superficie.

Ici se place tout naturellement un troisième procédé, ou plutôt une modification à celui que je viens de décrire. C'est celui que j'ai employé moi-même pour l'anévrysme de la temporale que j'ai eu à traiter. En effet, au lieu d'enfoncer d'emblée, comme Girouard dans un cas analogue, un morceau de pâte de zinc dans l'intérieur du sac, j'ai tâché de conserver la peau pour cette tumeur de la grosseur d'un petit œuf de poule, afin d'éviter une cicatrice difforme à ma malade et j'y ai partiellement réussi. L'opération de Girouard se faisait en deux temps : ponction avec le bistouri, enfoncement du caustique; la mienne s'est faite en trois temps. Le premier a consisté à inciser verticalement la peau qui s'est écartée assez considérablement pour agir ensuite comme Girouard sur le sac mis à nu. J'ai trouvé à cela un avantage que j'ai déjà signalé, celui de conserver à la malade, qui est jeune, un aspect presque normal de la tempe opérée; je ne manquerais jamais à cette précaution dans un cas semblable. La chirurgie de convenance y trouve son compte comme la chirurgie curative.

Le quatrième procédé nous est encore tracé par Girouard dans la quatrième observation (anévrysme de la radiale). Au lieu d'attaquer directement la tumeur, il s'est contenté d'attaquer l'artère au-dessus et au-dessous d'elle. C'est tout simplement la méthode dite ancienne sans ouverture du sac, pratiquée avec les caustiques au lieu de l'être par la ligature. C'est encore à ce procédé qu'on a recours pour l'anévrysme cirsoïde qui fait le sujet de la sixième observation. Mais dans ce dernier cas, la cautérisation indirecte resta inefficace et les sept artères volumineuses qui nourrissaient la tumeur ayant été détruites, la tumeur n'en continuait pas moins à battre. Quelques autres artères avaient probablement échappé à Gensoul et Bonnet. On fut obligé d'en revenir à la cautérisation directe en plaque.

Voici en résumé les quatre procédés de la cautérisation dans les anévrysmes.

1° *Cautérisation en plaque.* — On augmente chaque jour les dimensions de l'escarre en largeur et en profondeur par le moyen indiqué ci-dessus.

2° *Cautérisation en flèches.* — On pénètre d'emblée dans la profondeur du sac avec le caustique.

3° *La même avec conservation de la peau.* — En l'incisant préalablement et en l'écartant pour qu'elle ne soit pas touchée par le caustique.

4° *Cautérisation indirecte.* — En détruisant l'artère au-dessus et au-dessous, ou simplement, quelquefois au-dessus de la tumeur.

Ces quatre procédés ont tous été employés avec un égal succès, comme je viens de le démontrer. Les indications relatives à chacun d'eux sont contenues dans l'exposé qui précède et dépendent du volume de la tumeur, de sa situation, des parties environnantes de l'artère sur laquelle elle s'est développée, etc. Ce sera donc au chirurgien à apprécier l'ensemble de toutes ces circonstances qui lui dicteront la conduite à tenir et les moyens à prendre dans chaque cas particulier.

Des hémorrhagies dans la cautérisation des anévrysmes.

Elles peuvent être primitives ou consécutives
Hémorrhagies primitives. — Dans la cautérisation en pla-

que on ne saurait avoir une hémorrhagie au début, que si, en détruisant la peau avec la pâte de Vienne, on laissait à ce caustique le temps de détruire la paroi du sac. En effet, la pâte de Vienne étant fluidifiante, et ne possédant en rien cette puissance de coagulation qui est l'apanage du chlorure de zinc, il faudrait être attentif à ne laisser jamais la pâte de Vienne au-delà de vingt minutes. A l'aide de cette précaution on est toujours sûr de ne jamais avoir d'hémorrhagie primitive.

Tout autres sont les conditions dans lesquelles on se trouve en pratiquant la cautérisation en flèches. Ici on perfore le sac et il faut se mettre en mesure d'arrêter un écoulement de sang qui pourrait rapidement devenir mortel. Les moyens sont assez variés. Il ne faudrait pas compter sur un tamponnement; pour si énergique qu'il fût, il serait certainement inefficace. Pour les anévrysmes des membres nous appliquerons le compresseur, suivant l'exemple de Girouard, au moins pendant une demi-heure. Après ce temps, la solidification du sac est accomplie. Dans d'autres cas nous enfoncerons une ou plusieurs flèches à frottement dur dans une ouverture plus étroite que la flèche elle-même, de façon à avoir un bouchon d'autant plus solide que la flèche se gonflera davantage. Cette précaution a suffi à Girouard et à moi-même pour mettre la plaie à l'abri d'une hémorrhagie primitive. Si on ne comptait pas sur ce moyen d'une manière suffisante, on pourrait faire sur cette petite plaie, après enfoncement de la flèche, une très-forte suture entortillée qui, certainement, écarterait tout danger. Dans l'observation qui m'est propre, on peut voir que j'avais pris mes précautions. Au cas où l'hémorrhagie n'eut pas été arrêtée par le bouchon, on aurait encore un autre moyen : ce serait d'appliquer sur l'ouverture un morceau de pâte de Canquoin en plaque et de tamponner fortement. C'est là un moyen héroïque contre les hémorrhagies secondaires, dont on pourrait également se servir pour arrêter les hémorrhagies primitives Dans les sept observations citées dans ce mémoire, l'opérateur n'a jamais eu à se préoccuper de l'hémorragie primitive.

Hémorrhagies consécutives. — Quel est le mécanisme de ces hémorrhagies qui arrivent plusieurs jours après le début du traitement. — Voyons d'abord comment les choses se passent quand un malade, atteint d'anévrysme, est sujet à plusieurs hémorrhagies successives. Elles arrivent habituellement à la suite d'un abcès ou de toute autre cause qui a pu intéresser la peau qui recouvre la tumeur. Le sac est partiellement rempli par des caillots fibrineux ou fibrino-globulaires qui sont constamment battus par le liquide sanguin. Ce dernier s'insinue entre les caillots et les parois ou entre les caillots eux-mêmes et arrive à l'ouverture; de là, hémorrhagie plus ou moins grave; un tamponnement énergique l'arrête en interceptant le trajet que s'était frayé le sang; mais bientôt un mouvement intempestif du malade, l'action incessante de l'ondée sanguine la font pénétrer dans une autre voie ou dans la même, second accident et ainsi de suite.

Dans la cautérisation des anévrysmes, les choses doivent se passer un peu de la même manière autant qu'on en peut juger par le détail des observations. Le malade qui était atteint d'un anévrysme de la sous-clavière avait eu plusieurs hémorrhagies avant d'être traité par Bonnet, et dans le cours du traitement il en eut encore six. Il est dit que cet écoulement de sang se faisait aux limites de l'escarre et des parties saines. On comprend, en effet, que vers le quatrième jour après une cautérisation, lorsque le travail d'élimination commence à se faire, l'impulsion sanguine trouvant là une moindre résistance opère un décollement prématuré plus ou moins étendu et se fasse jour au-dehors. Pour l'arrêter, chaque fois, Bonnet n'eût qu'à faire de nouvelles applications de pâte caustique aidées d'une vigoureuse compression.

Dans mon observation, il se produisit un jour une hémorrhagie, au moment où je voulus détacher complétement une escarre qui ne tenait que par un mince pédicule. Les caillots n'étaient probablement pas assez solides, en ce point, pour résister à une manœuvre même légère; le tamponnement et le perchlorure de fer en eurent raison. Une seconde hémorrhagie se produisit deux heures après une cautérisation au caustique Filhos. Ce fait démontre une fois de plus le danger des caustiques fluidifiants, dans toutes les tumeurs sangui-nes, surtout dans les anévrysmes. Voilà pourquoi je ne me servirais plus de la pâte de Vienne, même pour détruire la peau seulement, qu'avec la plus grande circonspection ; sans l'intelligente intervention de M. Magnes, la vie de ma malade eut pu certainement être mise en danger. Il est facile, du reste, de s'expliquer comment le caustique Filhos, et les caustiques similaires donnent lieu à des hémorrhagies. Le chlorure de zinc mortifie les parties touchées par lui, mais l'escarre est dure, adhérente, et le sang se trouve pris en caillot bien ferme jusque dans un certain rayon. Le caus-tique Filhos tue aussi les tissus, mais l'escarre produite par lui est molle. Le sang, en contact même avec elle, conserve toute sa fluidité ; de là, le danger. Si, du reste, je m'étais dé-cidé à l'employer, c'était à cause de sa commodité, conservant avec lui la possibilité de ne toucher que ce que je voulais détruire.

La troisième observation de Girouard se signale aussi par quelques hémorrhagies semblables. Mais ici on a pu serrer le garrot sur l'artère humérale.

Donc, sur six cas d'anévrymes guéris par le caustique, trois d'entre eux sont marqués par des hémorrhagies secon-daires, les trois autres en sont exempts. Il faudrait consé-quemment se tenir sur ses gardes en vue de la posibilité d'un pareil accident, dont on se rendra toujours maître, si on a pris quelques précautions préalables, telles que l'application d'un compresseur d'attente, et si l'on a sous la main les diverses préparations et les appareils dont il est parlé plus haut.

Des parties voisines de l'anévrysme.

Il a été fait à la méthode de la cautérisation des anévrys-mes une objection sérieuse en effet. Les artères ayant, dans leur état normal, des rapports importants avec des veines, des nerfs et autres organes de premier ordre, on court le risque en cautérisant le sac, d'aller plus loin produire des désordres graves, par l'impossibilité de mesurer au juste l'action du caustique. Les faits et le raisonnement viennent nous démontrer cependant qu'avec de la prudence, on peut éviter la destruction de ces veines et de ces nerfs. Dans l'observation de Bonnet le plexus brachial avait été sectionné par l'instrument tranchant. La paralysie existait déjà ; il n'y avait donc pas à s'en préoccuper. Je conviens que ce cas était entièrement favorable sous ce rapport ; mais d'un autre côté, quel danger n'y avait-il pas à cautériser un aussi énorme anévrysme de la sous-clavière gauche à laquelle touchent la plèvre et le sommet du poumon.

Pour les deux anévrysmes de l'artère temporale, le sac n'étant cotoyé par aucun organe important, on a pu procéder à sa destruction sans avoir rien à craindre.

Le fait de l'anévrysme du pli du coude est plus délicat. Girouard ne nous dit pas dans son observation qu'il ait pris aucune précaution pour mettre à l'abri le nerf médian. Cependant aucune paralysie n'est signalée. La guérison a été complète sans accidents.

Même silence à ce sujet dans l'anévrysme de la paume de la main et de la radiale. Il me paraît facile en effet d'enfoncer dans l'éminence thénar une petite flèche en se tenant assez éloigné de toutes les gaînes tendineuses. Je suis plus embarrassé pour comprendre comment Girouard a pu attaquer la radiale au-dessus et au-dessous de la tumeur par la cautérisation transversale sans s'exposer à léser, en même temps les gaînes de la partie externe et antérieure de l'avant-bras. Il m'eut paru moins périlleux de cautériser la tumeur elle-même qui faisait une saillie considérable au-dessus des plans musculaires. Evidemment le chirurgien a dû recourir, dans ce cas, à des précautions infinies.

Les faits nous démontrent donc qu'on peut se garer de cautérisations trop étendues par de l'habileté et de la prudence, puisque les six cas consignés ici sont les seuls que la science possède, et que nous n'avons à cacher aucune catastrophe.

Le raisonnement nous fait voir à son tour que la pâte au chlorure de zinc dosée, ayant des effets constants, l'escarre produite par elle aura des limites que nous pourrons prévoir à l'avance. Je suis convaincu que c'est à la connaissance imparfaite de l'action précise des caustiques que sont dues ces accusations aussi vagues que nombreuses dont la plupart des auteurs se font l'écho. Il faudrait encore, dans la cautérisation d'un anévrysme, tenir compte des rapports normaux de l'artère avec les organes voisins. Il me paraît certain que la tumeur, dans la plupart des cas, doit garder les plus importants de ces rapports. Ainsi, par exemple, pour un anévrysme poplité, j'attaquerais la tumeur par la partie interne de préférence, convaincu que l'artère et le nerf doivent avoir été déjetés en dehors.

Il me semble enfin, comme dernier argument, que pour guérir un anévrysme il ne doit pas être nécessaire de cautériser absolument les parois postérieures ou latérales du sac, selon qu'on craint d'un côté ou de l'autre. Ne savons nous pas en effet que la coagulation du sang se fait bien au delà du point mortifié; et qu'une artère peut-être oblitérée par la simple approche du caustique sans avoir été intéressée directement?

Pour toutes ces raisons, je crois qu'on peut, avec une prudence mesurée à la difficultée du cas, éviter des lésions plus ou moins graves, du côté des veines, des nerfs, des gaines tendineuses et des autres organes avoisinant l'anévrysme.

Quelques opinions émises sur la méthode.

Quand Lallemand présenta à la Société de chirurgie en 1853 l'observation de Bonnet, la Société la trouva très-intéressante; mais d'autres sujets passionnèrent la discussion. M. Maisonneuve fut le seul à faire remarquer qu'elle devait attirer toute l'attention des chirurgiens, et qu'on pourrait peut-être en tirer un très-grand parti. Il raconta à ce sujet avoir produit, un jour, sans hémorrhagie, pour une tumeur de la cuisse, une vaste escarre dans laquelle était comprise l'artère fémorale. Dans un autre cas, il avait fait tomber par les caustiques une tumeur cancéreuse du cou avec la carotide (*Bulletin de la Société de chirurgie*, 1853).

Philippeaux justement frappé des merveilleux succès de Bonnet et de Gensoul explique comment l'idée de faire servir la pâte de Canquoin à la cure des anévrysmes, fut suggérée à Bonnet. Depuis plus de dix ans, l'observation lui démontrait la puissance de coagulation de ce caustique. Il guérissait très-bien ainsi les varices. Des varices aux anévrysmes il n'y avait qu'un pas à faire ; mais Philippeaux, qui n'avait vu appliquer que la cautérisation en plaque, ne se prononce pas sur la généralisation de la méthode employée par Bonnet. Il en parle encore sous forme dubitative, malgré la confiance que lui inspire la connaissance exacte des propriétés du caustique de Canquoin.

Girouard, en publiant ses observations, s'exprimait de la façon suivante (*Revue médico-chirurgicale*, 1855) :

« Ce qui m'a porté à traiter les tumeurs anévrysmales
» par la cautérisation, c'est que pour les guérir, la princi-
» pale indication est d'empêcher le sang d'y arriver. Les
» caustiques hémostatiques, et surtout le chlorure de zinc,
» atteignent parfaitement ce but. En se combinant avec le
» sang, ils le coagulent et lui font former dans les artères un
» bouchon solide qui arrête la circulation. Il me parut donc
» tout simple, tout naturel de les employer. J'étais d'autant
» plus porté à les mettre en usage, que, depuis 1838, j'ai
» pratiqué une foule d'opérations sur presque toutes les
» parties du corps par les caustiques, et je n'ai pas été
» obligé de recourir à une seule ligature, quoique des artè-
» res d'un certain volume aient été nombre de fois ouvertes
» (artères thoraciques, faciale, tibiale, humérale) même la
» carotide externe, qui dans une extirpation par les causti-

» ques s'est trouvée détruite dans une étendue de 15 lignes.
» Je suis même parvenu avec M. Boutet, médecin vétérinaire
» à Chartres, à coaguler le sang et à intercepter la circulation
» dans les artères carotides primitives d'une ânesse en pla-
» çant dessus des morceaux de pâte de chlorure de zinc. »

De nos jours, M. Richet dans son savant article du Dictionnaire, sur les anévrysmes, s'exprime ainsi sur la cautérisation appliquée à la cure des tumeurs anévrysmales :

» Ainsi cinq malades, traités par la pâte de zinc, cinq
» guérisons. Voilà le bilan de la cautérisation par les causti-
» ques. A ne considérer que le résultat brut, on serait tenté
» de conclure à l'excellence de la méthode. Qu'on se défie
» cependant : En lisant les détails de ces observations et par-
» ticulièrement de celle si remarquable d'ailleurs de Bonnet,
» on voit que ce n'est qu'après avoir traversé les accidents
» les plus graves, tels que hémorrhagies successives, suppu-
» ration épuisante, excessives douleurs, que le malade a été
» conduit à la guérison. Il est fort à craindre que des indivi-
» dus moins bien constitués que lui n'y puissent résister.
» D'ailleurs ces applications de pâte caustique par couches ou
» sous forme de flèches agissent nécessairement d'une façon
» aveugle et risquent de cautériser, trop ou trop peu, d'at-
» teindre par conséquent des organes importants qu'on a
» grand intérêt à ménager. Pour toutes ces raisons, la cauté-
» risation restera donc, jusqu'à plus ample informée, une
» méthode exceptionnelle. »

Nos autres auteurs classiques, dans les quelques lignes qu'ils consacrent à la cautérisation, réflètent les mêmes appréhensions tout en étant forcés d'enregistrer les mêmes succès.

Il me paraît qu'une partie de ces craintes sont mal fondées. Je me suis déjà expliqué sur le danger d'atteindre les organes voisins et sur les moyens d'arrêter toujours les hémorrhagies primitives ou secondaires.

Avenir de la méthode. — Conclusion.

Maintenant qu'il me soit permis de dire toute ma pensée sur la cautérisation appliquée à la cure des anévrysmes. La destruction des tumeurs anévrysmales par ce moyen, quelque audacieuse qu'elle paraisse aux yeux de la majorité des chirurgiens, me semble être beaucoup moins dangereuse qu'on n'eut pu le croire en s'en rapportant aux appréciations classiques. Les sept opérations relatées dans ce mémoire, couronnées toutes du plus beau succès, me prêtent leur appui dans mon affirmation ; et c'est sous l'auspice de cette conviction profonde que j'ai tenté moi-même, heureusement, par la cautérisation en flèches, la cure d'un anévrysme de l'artère temporale. Les deux grandes objections à cette méthode assez discrètement formulées par le professeur Richet, à savoir les hémorrhagies et la marche aveugle du caustique sont en partie le résultat de la théorie bien plus que de la pratique. Cette théorie ne tient pas assez compte, à mon avis, des trois propriétés principales de la pâte de zinc : sa puissance énorme de coagulation, démontrée surabondamment dans les pages qui précèdent ; son action qui s'étend au tissus dans un rayon toujours exactement le même pour la même épaisseur de pâte, et enfin la loi qui préside à la chute des escarres au huitième ou neuvième jour ; toutes choses qui étant parfaitement connues, font de la cautérisation des anévrysmes une véritable *méthode* chirurgicale. Je n'ai voulu parler dans ce mémoire que des anévrysmes proprement dits. Je n'ai pu m'empêcher cependant de faire entrevoir avec qu'elle merveilleuse efficacité on pouvait employer la cautérisation dans le traitement des varices artérielles, par la relation de l'observation de Gensoul et Bonnet

J'augure de là que cette méthode est susceptible d'être appliquée quelquefois dans le traitement des tumeurs artérielles. Telle est ma confiance en elle qu'elle me paraît supérieure même à la ligature dans un grand nombre de cas. Pour quelques anévrysmes, toute espèce de ligature est presque impossible, comme pour ceux de l'artère temporale. Et dans les cas même où on peut commodément jeter un fil sur l'artère, qui ne sait combien est grave une semblable opération. La méthode d'Anel, quand on peut la mettre en usage, ne met pas à l'abri de la récidive. Les procédés de Hunter et de Scarpa, sont très-souvent suivis de sphacèles énormes qui conduisent trop fréquemment la maladie à une fatale terminaison. Que l'on compare à ces accidents l'efficacité et l'innocuité de la cautérisation en général et les sept faits en particulier dont je viens de tracer l'histoire; ils sont encore les seuls que possède la science; ces observations ne sont pas assez nombreuses pour que nous puissions faire avec fruit la comparaison de toutes les méthodes opératoires avec celle de la cautérisation; mais ce que nous en savons nous permet déjà de la ranger au nombre des meilleures.

Je suis convaincu, pour ma part, que la cautérisation des anévrysmes n'a pas dit son dernier mot. Les sept faits relatés dans ce mémoire sont de nature à fixer l'opinion des chirurgiens à ce sujet en les engageant résolûment à poursuivre des tentatives dont la science n'a eu jusqu'à présent qu'à se louer sans restriction.

Toulouse, Impr. Louis et Jean-Matthieu Douladoure, rue Saint-Rome, 32.

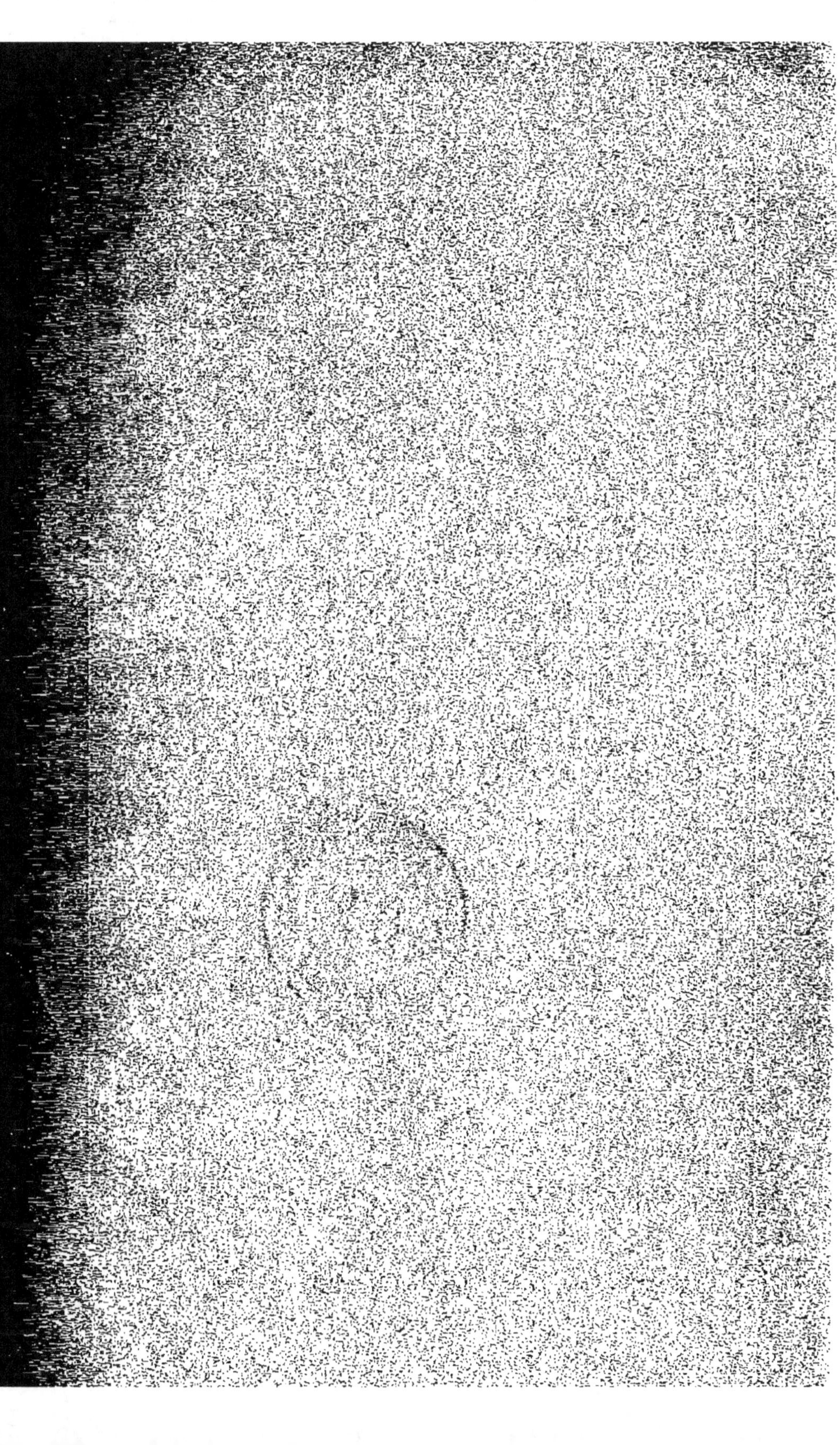